Spanish Speaking Activities

Fun Ways to Get KS2 Pupils to Talk to Each Other in Spanish

Sinéad Leleu and Jo Kentish

Brilliant
PUBLICATIONS

Publisher's information

We hope you and your pupils enjoy the activities in this book. Brilliant Publications publishes many other books for teaching modern foreign languages. To find out more details on any of our titles please log onto our website: www.brilliantpublications.co.uk.

¡Es Español!	978-1-903853-64-1	Juguemos Todos Juntos	978-1-903853-95-5
¡Vamos a Cantar!	978-1-905780-13-6	Spanish Festivals and Traditions	978-1-905780-53-2
Lotto en Español	978-1-905780-47-1	Spanish Pen Pals Made Easy	978-1-905780-42-6
Buena Idea	978-1-905780-63-1		

Published by Brilliant Publications
Unit 10,
Sparrow Hall Farm,
Edlesborough,
Dunstable,
Bedfordshire,
LU6 2ES

Website: www.brilliantpublications.co.uk
General information enquiries:
Tel: 01525 222292
Fax: 01525 222720

The name 'Brilliant Publications'
and the logo are registered trade marks.

Written by Sinéad Leleu and Jo Kentish
Illustrated by Frank Endersby
Cover illustration by Emily Skinner
Printed in the UK

© 2011 Sinéad Leleu (text); Brilliant Publications (design and layout)
Printed ISBN: 978-1-905780-68-6
ebook ISBN: 978-0-85747-148-2
First published 2011
10 9 8 7 6 5 4 3 2 1

Contents

● More challenging activities

✶ Answers to these pages are on pages 87–89.

●   More challenging activities

✱   Answers to these pages are on pages 87–89.

Introduction

One of the main aims of children learning a modern foreign language is to be able to communicate in that foreign language. Due to various factors, such as large class size, lack of time or teacher fluency, this is easier said than done, in particular, where oral communication is concerned. *Spanish Speaking Activities* contains over 50 fun ways to get pupils to talk to each other in Spanish. It consists of user-friendly photocopiable activities that facilitate oral communication. The activities encourage pupils to practise speaking autonomously, leading to more pupil speaking time and less teacher speaking time. Pupils are also encouraged to practise reading and writing along the way.

Teacher tips

1. **Surveys** (Pages 8–24)
- It is imperative that pupils have already been introduced to the theme/key language points of the survey. Use *Spanish Speaking Activities* to practise coursework, not replace it.

- Before giving out copies of the survey to each pupil, explain exactly what is expected of them, for example:
   Must they only use Spanish?
   Are they allowed to circulate?
   Must they use full answers/a tick/a cross etc?

- Hand out the survey sheets and read through them with the pupils.

- Demonstrate with a pupil.

- As pupils complete their surveys, you can move around the class to help and/or observe.

- As an extension activity, individual pupils could report back their 'findings', eg *Alex juega al fútbol. Sam juega al rugby, David juega al tenis* etc.

- A teacher-led class survey could also be done at the end. This could be done on a chart on the board, eg ¿*Cuántas personas juegan al fútbol? ¿Cuántas personas juegan al baloncesto?*

2. **Role-plays** (Pages 25–49)
- It is imperative that pupils have already been introduced to the theme/key language points of the role-play.

- Before giving out the photocopied activity to each pupil, explain the context of the role-play and exactly what is expected of the pupils, eg work in pairs or groups, act out the role-play for the class etc.

- Hand out the role-play activity and read through it with the pupils.

- If there is a task, such as filling in blanks or matching words to pictures, allow the pupils to work on this in their pairs or groups. Correct any errors before they begin preparing their role-play.

- Give the pupils a fixed time to prepare, but be flexible if it is clear that pupils need more or less time.

- As the pupils practise, you can move around the class.

- If some pairs/groups finish practising early, get them to reverse roles.

- If the pupils are performing for the class, use filming terms, such as '*¡Acción!*' and '*¡Corte!*' to make it more exciting.

- Ensure that you praise effort and avoid correcting mistakes during the performance so as not to interrupt the flow.

3. Presentations (Pages 50–57)
- Introduce the theme/key language points of the presentation.

- Before giving out the copies of the activity to each pupil, explain exactly what is expected of them, eg Will all pupils be expected to speak in front of the class?

- Hand out copies of the presentation sheet and read through it with your pupils. Allow them at this stage to pencil in or circle if necessary.

- Give pupils time to complete and prepare their presentation during which time you can circulate.

- Encourage pupils to read as little as possible when presenting to the class, particularly in the case of more confident pupils.

- Ensure that you praise effort and avoid correcting mistakes during the presentation so as not to interrupt the flow.

4. Quizzes/Multiple choice questions (Pages 58–69)
- Introduce the theme/key language points of the quiz.

- Before giving out the photocopy to each pupil, explain exactly what is expected of them, eg Must they do the quiz alone or in pairs?

- Hand out copies of the quiz. Let the students know it is a quiz with 'right or wrong' answers, but you will not be giving the answers until the end!

- Once completed, correct the quiz with the entire class.

- As an extension activity, the quiz could be used as a role-play, eg a TV quiz show with a quiz master and a contestant.

Spanish Speaking Activities for KS2 © Sinéad Leleu and Brilliant Publications
Fun Ways to Get Pupils to Talk to Each Other in Spanish

5. Making sentences (Pages 70–76)

■ Introduce the theme/key language points of the activity.

■ Before giving out the sheet to each pupil, explain exactly what is expected of them, eg Do they have to cut out the words? Do they have to write out the sentences? Do they have to make a certain number of sentences?

■ Hand out the photocopy and read through it with your pupils. Explain that most words can be used more than once.

■ Give them some examples of sentences.

■ This activity could predominantly be a reading and perhaps writing activity. However, pupils tend to be so proud of being able to produce whole sentences on their own that even weaker pupils like to share with the class.

6. Games (Pages 77–86)

■ Introduce the theme/key language points of the game.

■ Before giving out the photocopy to each pupil, explain exactly how the game is played and if they need to fill in the blanks before beginning.

■ Hand out a photocopy to each pupil and read through it with the class.

■ If there are blanks to be filled in, give your pupils time to do this. Once completed, correct as a whole class.

■ Demonstrate to your pupils how the game is played.

… And of course, have fun!

Encuestas

¿Qué tal?

Go around your classroom and ask your classmates their names and how they are.

¿Cómo te llamas?	¿Qué tal?
1. Sam	Estoy bien. ☺
2.	
3.	
4.	
5.	
6.	
7.	
8.	
9.	
10.	
11.	
12.	
13.	
14.	
15.	
16.	
17.	
18.	
19.	
20.	

Me llamo Sam.
¿Cómo te llamas?

Me llamo
Chris.

¿Cómo te llamas?

Go around your classroom and ask your classmates their names, ages and where they live.

¿Cómo te llamas?	¿Cuántos años tienes?	¿Dónde vives?
1. David	12	Liverpool
2.		
3.		
4.		
5.		
6.		
7.		
8.		
9.		
10.		
11.		
12.		
13.		
14.		
15.		

Me llamo David.

Tengo doce años.

Vivo en Liverpool.

Spanish Speaking Activities for KS2

Los animales

Find out what animals your classmates have.

¿Tienes …?   Sí, tengo uno / una / dos / tres …   No, no tengo.

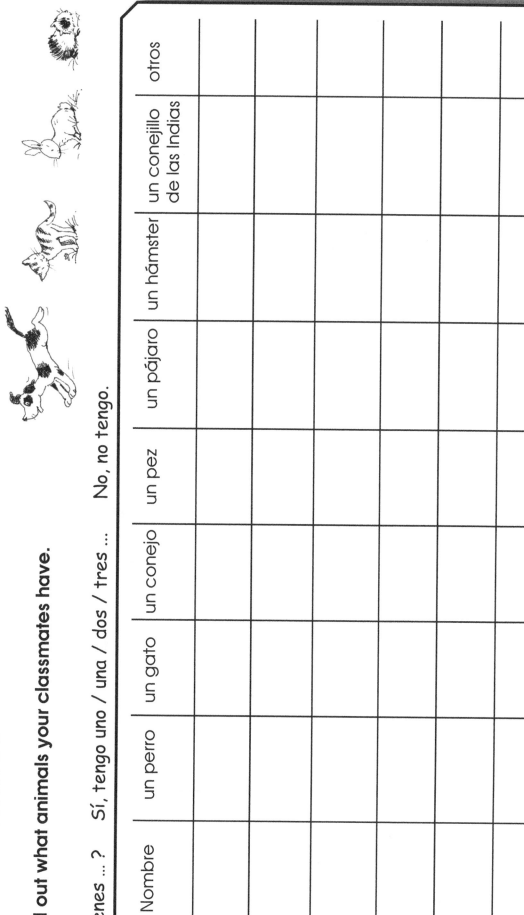

Nombre	un perro	un gato	un conejo	un pez	un pájaro	un hámster	un conejillo de las Indias	otros

¿Tienes perro?

Sí, tengo uno.

¿Tienes un gato?

No, no tengo.

Los meses

Go around the class and find out in which month your classmates' birthdays are.

¿Cuándo es tu cumpleaños?

Mi cumpleaños es en ... .

enero	**febrero**	**marzo**
abril	**mayo**	**junio**
julio Lise	**agosto**	**septiembre**
octubre	**noviembre**	**diciembre**

¿Cuándo es tu cumpleaños?

Mi cumpleaños es en julio.

Los colores

Find out the favourite colour of eight people in your class.

¿Cuál es tu color favorito?   *Mi color favorito es … .*

Nombre	azul	rojo	morado	amarillo	verde	rosa	negro	blanco	marrón
TOTAL									

De 8 alumnos, el color favorito es _____ .

Las bebidas

Find out what drinks your classmates like and dislike.

¿Te gusta ... ?

Sí, me gusta ... .   No, no me gusta ... .

Nombre	la leche	el zumo de naranja	el agua	la coca-cola	la limonada	el té	el café
TOTAL							

No, no me gusta el zumo de naranja.

Sí, me gusta el zumo de naranja.

¿Te gusta el zumo de naranja?

La comida

Find out what food your classmates like and dislike.

¿Te gusta ...? Sí, me gusta .... No, no me gusta ... *or no me gustan* ... .

For example: Sí, me gusta el helado. No, no me gusta el helado. *(ice cream – singular).*

Sí, me gustan los tomates. No me gustan los pepinos. No me gustan los tomates. *(cucumbers and tomatoes – plural)*

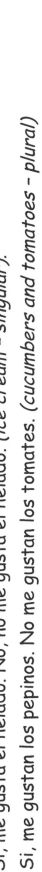

Nombre	los tomates	los pepinos	las judias	los plátanos	las manzanas	el queso	el helado	los caramelos

¿Te gustan las manzanas?

Sí, me gustan las manzanas.

No, no me gustan las manzanas.

Los helados

Find out which flavour of ice-cream your classmates prefer.

¿Cuál es tu helado favorito?   El helado ... .

Nombre	de café	de vainilla	de chocolate	de caramelo	de menta	de fresa	de menta-chocolate
TOTAL							

¿Cuál es el helado favorito?

¡El helado de vainilla!

El helado favorito es el helado de _____

El transporte

Find out how your classmates get to school.

¿Cómo vas al colegio?   Voy (en ...)

Nombre	a pie	en bicicleta	en coche	en autobús	en tren

La mayoría de los alumnos de mi clase vienen _____ .

(The majority of the children in my class come to school by ... .)

Los días

Find out which days your classmates like and dislike.

¿Cuál es tu día favorito?   El viernes.   ¿Cuál es el día que menos te gusta?   El lunes.

Nombre	lunes	martes	miércoles	jueves	viernes	sábado	domingo

¿Cuál es tu día favorito?

El viernes.

¿Cuál es el día que menos te gusta?

El lunes.

El deporte 1

Find out from five of your classmates what ball sports they play.

¿Juegas ... ?   Sí, juego ... .   No, no juego ... .

Deporte / Nombre					
al fútbol					
al rugby					
al tenis					
al cricket					
al baloncesto					
al vóleibol					
al golf					
al hockey					
otros					

El deporte 2

Find out from five of your classmates what sports they do.

¿Haces ... ?   Sí, hago ... .   No, no hago ... .

Deporte/ Nombre					
Equitación (montar a caballo)					
Danza					
Gimnasia					
Bicicleta					
Natación					
Judo / Kárate					

La hora

Find out when your classmates get up in the mornings.

¿A qué hora te levantas?   Me levanto a las ... .

Nombre	6:00	6:45	7:00	7:15	7:30	7:45	8:00	8:15	8:30	8:45	9:00
Auriéle						✔					

6:00 = las seis

7:00 = las siete

8:00 = las ocho

9:00 = las nueve

7:15 = las siete y cuarto

7:30 = las siete y media

7:45 = las ocho menos cuarto

Los cantantes

Find out which singer or group is most popular in your class.

¿Cuál es tu cantante o grupo favorito?

Nombre	Cantante/Grupo

Complete the following sentences about yourself and read them out to the class.

Mi cantante favorito es _____ .

Él / Ella es bueno/a genial / fantástico/a.

Me gusta la canción _____ .

Or
Mi grupo favorito es _____ .

Ellos / Ellas son buenos/as / geniales / fantásticos/as.

Me gusta la canción _____ .

Vocabulario

un alumno .... pupil	un/una cantante .... a singer (male or female)
bueno/a .... good	genial .... great
una canción .... a song	

Las asignaturas

Find out from five classmates which subjects they like best. Answer 'Sí' or 'No'.

¿Te gusta ...?   Sí, me gusta .... (>)   No, no me gusta .... (>)

Sí, me gustan las ciencias.

No, no me gusta el diseño.

Asignatura/Nombre					
Las matemáticas					
El inglés					
El francés					
La historia					
La geografía					
Las ciencias					
El deporte					
El diseño					
La informática					
La educación física					

Las películas

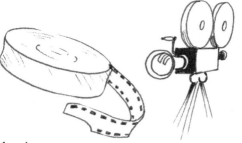

Find out what types of film your classmates like.
(More than one film-type can be chosen.)

¿Qué tipo de película te gusta?   Me gustan las películas … .

Tipo / Nombre				
cómicas				
musicales				
de intriga/ policiacas				
románticas				
de terror				
de aventura				
de animación				
de fantasía				

Now find out what their favourite film is.

¿Cuál es tu película favorita?   Mi película favorita es … .

Nombre	Título de la película

Juegos de rol

● More challenging activities

Los saludos 1

In pairs, read and practise the conversation between Elena and Álex.

Elena:	¡Hola, Alex!
Alex:	¡Hola, Elena!
Elena:	¿Qué tal?
Alex:	Muy bien, gracias. ¿Y tú?
Elena:	Muy bien, gracias.
Alex:	¡Adiós!
Elena:	¡Adiós!

Now, in pairs, circle and fill in the gaps to help you make up your own 'meeting and greeting' conversation.

Estudiante 1:   ¡Hola, _____!
                                    (nombre)

Estudiante 2:   ¡Hola, _____!
                                    (nombre)

Estudiante 1:   ¿Qué tal?

Estudiante 2:   Bien/Muy bien/Fenomenal, gracias.
                         ¿Y tú?

Estudiante 1:   Bien/Muy bien/Fenomenal, gracias.

Estudiante 2:   ¡Adiós, _____!
                                    (nombre)

Estudiante 1:   ¡Adiós, _____!
                                    (nombre)

Vocabulario

¡Hola!	Hello	¿Qué tal?	How are you?
bien	Fine/well	un estudiante	a pupil/student
muy bien	Very well	¿Y tú?	How about you?
gracias	Thank you	fenomenal	great
nombre	name		

Los saludos 2

In pairs, read and practise the conversation between Ana and Marcos.

Ana:	¡Buenos días, Marcos!
Marcos:	¡Buenos días, Ana!
Ana:	¿Cómo estás?
Marcos:	Estoy bien, gracias. ¿Y tú?
Ana:	Estoy muy bien, gracias.
Marcos:	¡Adiós, Ana!
Ana:	¡Adiós, Marcos!

In pairs, circle and fill in the gaps to help you make up your own 'meeting and greeting' conversation.

Estudiante 1:   ¡Buenos días, _____!
                                              (nombre)

Estudiante 2:   ¡Buenos días, _____!
                                              (nombre)

Estudiante 1:   ¿Cómo estás?

Estudiante 2:   Estoy bien/estoy muy bien, gracias. ¿Y tú?

Estudiante 1:   Estoy bien/estoy muy bien, gracias.

Estudiante 2:   ¡Adiós, _____!
                                    (nombre)

Estudiante 1:   ¡Adiós, _____!
                                  (nombre)

Vocabulario

un estudiante	a pupil/student	¿Qué tal?	How are you?
Buenos días	Good morning	Estoy bien	I'm fine/well
Adiós	Goodbye	Estoy muy bien	I'm very well
gracias	Thank you	¿Y tú?	How about you?
nombre	name		

Presentar a la familia

You bump into a friend while out for a walk with your family. Use some of the following phrases to make up a conversation. In pairs or groups, act out the conversation. Use one or more phrases from each box.

> Hola.   Buenos días.

> ¿Qué tal?   Estoy bien, gracias.   ¿Y tú?

> Te presento a mi madre.   Te presento a mi padre.   Te presento a mi amiga.
>
> Te presento a mi hermana.   Te presento a mi hermano.   Te presento a mi amigo.

> Buenos días, Señora.   Buenos días, Señor.   ¡Hola!
>
> Encantada Señora.   Encantado Señor.

> Adiós.   ¡Que tengas un buen día!

Vocabulario

Hola	Hello/Hi	gracias	Thank you
mi padre	my father	te presento a	I present/introduce
¿Qué tal?	How are you?	¿Y tú?	How about you?
Buenos días	Good morning	Adiós	Goodbye
Estoy bien	I'm fine	mi madre	my mother
mi amiga	my friend (female)	mi amigo	my friend (male)
Encantado/a	pleased to meet you		
¡Que tengas un buen día!	Have a nice day		

El recreo 1

You have a new pupil in your class. Your teacher asks you to include the new pupil in your games at break-time.

In pairs, use the following conversation to help you act out the role-play.

Estudiante 1:   ¡Hola, _____!
                                            (nombre)

Estudiante 2:   ¡Hola, _____!
                                            (nombre)

Estudiante 1:   ¿Quieres jugar?

Estudiante 2:   Sí.

Estudiante 1:   ¿Quieres jugar ... ?

_____

...al fútbol
...al baloncesto
...al vóleibol
...al lobo
...a pillar
...a la rayuela
...a saltar a la comba
otro

Estudiante 2:   ¡Sí, vamos!

Jugar a saltar a la comba

Jugar a la rayuela

Vocabulario

¡Hola!	Hi	¿Quieres jugar?	Do you want to play?
sí	Yes	jugar a pillar	to play tag
vamos	let's go	a la rayuela	hopscotch
al vóleibol	volleyball	al baloncesto	basketball
al fútbol	football	a saltar a la comba	skipping

El recreo 2

You are in the school yard. In pairs or small groups, act out a role-play where one person asks another to play.

Choose at least one line from each selection to help you. *¡Diviértete!* Have fun!

Estudiante 1:

¡Hola!   } • • •
¡Buenos días!

¿Quieres jugar conmigo?   } • • •
¿Quieres jugar con nosotros?

¿Quieres jugar al escondite?
¿Quieres jugar a la rayuela?
¿Quieres jugar a pillar?

¿Quién da a la cuerda?

¿Quién cuenta?
¿Quién empieza?
¿Quién es el lobo?

¡Vamos!

Estudiante 2:

¡Hola!   } • • •
¡Buenos días!

¡Sí!   } • • •
Sí, quiero. Gracias.

¡Vale!   } • • •
Sí, quiero.

¡Yo!
¡Tú!   } • • •
¡Yo, no!

_____
(nombre)

Vocabulario

Buenos días. ....Good morning	quiero ......I'd love to	contar.......to count
¡Hola! ....Hello	jugar ....to play	gracias .....thank you
empezar ....to start	¡Yo! ....me	Tú ....you
vamos ....let's go	con .... with	rayuela .....hopscotch
nosotros ....us	a pillar .....tag	¡yo, no! .... not me!
vale ....ok	sí..............yes	
dar a la cuerda ...to turn the rope		
¿ Quieres .... ? ....Do you want ... ?		

Ser / Estar

In Spanish there are two verbs which mean 'to be' and they are used in different circumstances.

Complete the verb.

Ser – To be

Yo _____	eres
Tú _____	es
Él/Ella _____	soy
Nosotros _____	sois
Vosotros _____	son
Ellos/Ellas _____	somos

Estar – To be

Yo_____	estás
Tú_____	está
Él/Ella_____	estoy
Nosotros_____	estáis
Vosotros _____	están
Ellos/Ellas_____	estamos

When to use ser and estar
Ser

- Days, dates, times, events.
- Personality and character.
- Profession, nationality, gender.
- What things are made of.

Estar

- Feelings, moods, emotions.
- Location of things and people, but not events.

Try these:

1. Pedro _____en casa.

2. Mi padre_____ médico.

3. Hoy_____viernes.

4. _____contento.

5. _____americano.

6. Los niños _____inteligentes.

Vocabulario

contento/a ....happy	médico...........doctor	viernes........Friday
americano/a ....American	en casa .... at home	
inteligente / inteligentes ....intelligent		

Dar un regalo de cumpleaños

It is your friend's birthday. You wish him/her a happy birthday and give him/her a present. In pairs, act out the role-play. To help you, fill in the blanks in the following conversation using the vocabulary below.

Estudiante 1:   Feliz cumpleaños, _____ .

(nombre)

Estudiante 2:   ¡Gracias!

Estudiante 1:   Aquí tienes tu regalo. Es un/una _____ .

(adjetivo)

Estudiante 2:   Gracias. Es _____ .

(adjetivo)

Estudiante 1:   De nada.

Vocabulario

dar	to give	un regalo	a present
Feliz cumpleaños	Happy birthday	gracias	thank you
aquí tienes	Here is	es	it is
un CD	a CD	de nada	you're welcome
chulo/chula	nice	fantástico/a	fantastic
genial	great	adorable	adorable
¡guay!	cool!	mono/a	cute
súper	super	precioso/a	lovely
magnífico/a	magnificent	Me encanta	I love it
un juego	a game	una consola	a console
Me gusta mucho	I really like it	una muñeca	a doll
una pelota de fútbol	a football	un libro	a book
un peluche	a cuddly toy	un DVD	a DVD
un juego de mesa	a board game	amable	kind

Tener

Eric and Marie have received a new football from their grandad. Eric rushes out to show his friends. He forgets that the football is also Marie's, until Marie comes out wearing football gear! Circle the correct form of 'tener'. Then in groups of five, practise the role play.

¡Gracias abuelo!

Aquí tienes una pelota para los dos.

Tengo/Tienen una pelota nueva.

¡Vaya! Tú tienes/Ella tiene una pelota nueva.

¡Mira! Ellas tienen/ Él tiene una pelota nueva.

¡No! Ellos tienen/ Nosotros tenemos una pelota nueva.

¡Si! Tenemos/ Tienes una pelota nueva.

¡Vaya! Tenéis/Tengo una pelota nueva.

Vocabulario

tener	to have	aquí tienes	here is/here you have
yo tengo	I have	para	for
tú tienes	you have	¡Mira!	Look!
él tiene	he has	una pelota	a ball
ella tiene	she has	nosotros tenemos	we have
uno tiene	one has	vosotros tenéis	you have (plural)
ellos tienen	they have (masc)	ellas tienen	they have (fem)

El cuerpo 1

Draw lines to match the sentence with the correct picture.

1. Me duele la rodilla

2. Me duele la oreja

3. Me duelen los dientes

4. Me duele la nariz

5. Me duele el pie

6. Me duele el brazo

7. Tengo varicela

8. Me duele el estómago

9. Me duele la cabeza

10. Me duele el ojo

11. Me duele el dedo

12. Tengo fiebre

13. Estoy constipado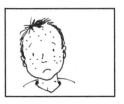

14. ¡Me duele todo!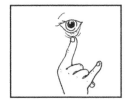

El cuerpo 2

Pedro does not want to go to school! Look at the cartoon, then read the conversation between Pedro and his mother.

> Es la hora de levantarse.

> ¡Ay! ¡Ay! Estoy malo/a ¡Ay! ¡Ay!

Mamá: ¡Pedro! ¡Levántate!

Pedro: ¡Oh, no! ¡Colegio!

Mamá: Es la hora de levantarse.

Pedro: ¡Ay! ¡Ay! ¡Estoy malo! ¡Me duele el estómago! ¡Me duele la cabeza! ¡Me duelen los dientes! ¡Me duele el brazo! ¡Me duele la rodilla! ¡Me duele el pie! ¡Me duele todo!

Mamá: Toma este medicamento.

Pedro: ¡No hace falta! ¡Estoy mejor!

In pairs, use the cartoon and conversation above to help you make up your own conversation. Practise and do the role-play for your class.

Mamá: ¡Pedro!. ¡Levántate!

Pedro: ¡Oh, no! ¡Colegio!

Mamá: Es la hora de levantarse.

Pedro: ¡Ay! ¡Ay! ¡Estoy malo! ¡Me duele_____
_____ !

Mamá: Toma este medicamento.

Pedro: ¡No hace falta! ¡Estoy mejor!

Vocabulario

levántate .... get up	es ....it's	la hora .... time
tomar .... to take	no hace falta ....no need	el colegio .. school
levantarse .... to get up	un medicamento..medicine	
Estoy mejor ..... I'm better		

En el mercado

Cut out the following sentences and put them in the right order. Then use them to help you act out a role-play at the market.

D – El dependiente (stallholder)   **C – El cliente (customer)**

D: ¿Qué quiere usted?

C: Gracias, Señor.

D: Gracias, Señora, adiós.

C: Eso es todo.

D: ¿Algo más?

C: Buenos días, Señor.

D: Buenos días, Señora.

C: Adiós, Señor.

D: Aquí tiene. Serán ____ euros, por favor.

C: Quiero dos kilos de tomates, una lechuga y un pepino, por favor.

C: Aquí tiene ____ euros, Señor.

Quiero dos kilos de tomates, una lechuga y un pepino, por favor.

Aquí tienes. Serán cinco euros, por favor.

Vocabulario

tomates .... tomatoes	lechuga ....lettuce	pepino ....cucumber
¿Algo más?. Anything else?	Eso es todo...That's all	Aquí tiene .....Here is

En la cafetería

Complete the conversation using the vocabulary below. In pairs, act out the role-play.

Snack

Bocadillo	€4
Pizza	€5
Croissant	€1

Bebidas

Zumo de naranja	€2
Coca-cola	€2
Limonada	€2

Camarero: Buenos días, _____ . ¿Qué quiere
tomar?
(señor/señora/señorita)

Cliente: Buenos días, Señor. Quiero _____
y _____ , por favor.

Camarero: Aquí tiene. ¡Que aproveche!

Cliente: Gracias, Señor.

Cliente: Señor, la cuenta por favor.

Camarero: Aquí tiene. Serán _____ euros por favor.

Cliente: Aquí tiene. Gracias, Señor. Adiós.

Camarero: Gracias, _____ .
Adiós.
(señor/señora/señorita)

Vocabulario

el camarero.........	the waiter	la cuenta	the bill
Aquí tiene.............	Here you are	la camarera..........	the waitress
un cliente	a customer	y...............................	and
por favor..............	please	quiero......................	I want/would like
gracias..................	thank you	adiós	goodbye

© Sinéad Leleu and Brilliant Publications
This page may be photocopied for use by the purchasing institute only.

Tomar la merienda

You and your little cousin have decided to have a healthy snack. In pairs, use some of the following sentences to help you make up a role-play.

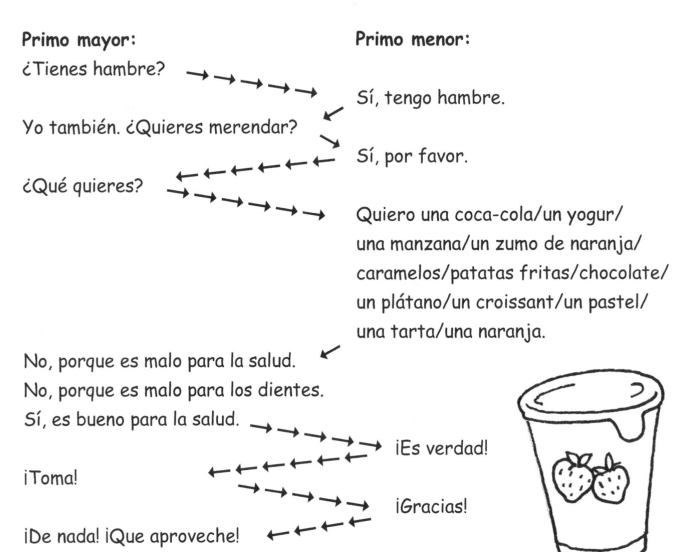

Primo mayor:

¿Tienes hambre?

Yo también. ¿Quieres merendar?

¿Qué quieres?

No, porque es malo para la salud.
No, porque es malo para los dientes.
Sí, es bueno para la salud.

¡Toma!

¡De nada! ¡Que aproveche!

Primo menor:

Sí, tengo hambre.

Sí, por favor.

Quiero una coca-cola/un yogur/
una manzana/un zumo de naranja/
caramelos/patatas fritas/chocolate/
un plátano/un croissant/un pastel/
una tarta/una naranja.

¡Es verdad!

¡Gracias!

Vocabulario

también ....also	los dientes .... teeth	malo..........bad
porque ....because	toma .... take this	Es verdad . That's true
la salud ....health	de nada .... that's ok	
merendar ....to have tea/snack	¡Que aproveche! ...Enjoy it!	

El tiempo y la ropa 1

Draw lines to match the word with the correct picture.

La ropa

Unos vaqueros

Un jersey

Un pijama

Unas zapatilla
de deporte

Unas
sandalias

Una camiseta

Una falda

Una gorra

Un sombrero

Una chaqueta

Unos calcetines

Una camisa

Un abrigo

Un vestido

Unos zapatos

Unos pantalones

Unos pantalones
cortos

Una bufanda

El tiempo

hace buen
tiempo

hace frío

hace calor

hace sol

hace viento

está helado

está nevando

está lloviendo

El tiempo y la ropa 2

You and a friend disagree on what clothes you should wear today as you disagree on the weather!

In pairs, practise the following conversation.

Elena: Hoy, me voy a poner una camiseta y unos pantalones cortos.

Javier: ¡Pero está lloviendo!

Elena: ¡No importa!

Javier: También hace frío.

Elena: ¡No hace frío! Hace calor.

Javier: Yo me voy a poner unos vaqueros y un jersey.

Fill in the blanks to make up your own conversation. Act out the role-play.

Estudiante 1: Hoy, me voy a poner_____ y

_____ .

Estudiante 2: ¡Pero está lloviendo!

Estudiante 1: ¡No importa!

Estudiante 2: También hace frío.

Estudiante 1: ¡No hace frío! Hace calor.

Estudiante 2: Yo me voy a poner _____ y

_____ .

Vocabulario

voy..................... I am going	ponerse ....to put on
y ....and	hoy......................today
también ....also	está lloviendo .....it's raining
hace frío ....it's cold	no importa ....it doesn't matter
hace calor........it's hot	

La academia de famosos

Now is your chance to be part of Star Academy, a TV show to find musical talent! Choose three people in the class to be the judges. The rest of the class divide into groups of three or four and prepare a song or a piece of music. Each group performs their act for the class. Before they perform, the judges ask some questions. After the performance, the judges give their opinions.

Judges:

Choose at least one word or phrase from each section. Be nice! ¡Sed amables!

1. Saludos:
¡Buenos días!   ¡Hola!
¡Gracias!   ¡Adiós!

2. Preguntas:
¿Cómo te llamas?   ¿Cómo se llama tu grupo?
¿Cantas?   ¿Tocas la guitarra?
¿Tocas el violín?   ¿Tocas el piano?
¿Tocas el saxofón?   ¿Te gusta la música rock?
¿Te gusta la música pop?

3. Para empezar:
¡Venga!   ¡Adelante!
¡Puedes empezar!   ¡Podéis empezar!

4. Comentarios:
¡ Está bien!   ¡Es genial!   ¡Es horrible!
¡ Es bueno!   ¡Es malo!   ¡No es terrible!

Contestants:

Use the words/phrases below to help you. Good luck! ¡Buena suerte!

¡Hola!

¡Buenos días!

Me llamo …

Mi grupo se llama …

Sí, me gusta _____.

No, no me gusta _____.

Sí, toco _____.

No, no toco _____.

Sí, me encanta _____.

¡Gracias!

¡Adiós!

La academia de famosos
Vocabulario adicional

From page 41

Judges
Section 2
cantar .... to sing
tocar .... to play
gustar .... to like
los tambores........... the drums

Section 3
¡Venga!.................. Go on/Go ahead
¡Adelante! .... Come on
Tú puedes .... You can (singular)
Vosotros podéis ..... You can (plural)
empezar .... to begin/to start

Section 4
está......................... it is
bien .... good
mal .... useless/bad
terrible.................... awful
genial .... great/brilliant
no está bien .... not that great
no está muy bien... not so good

Contestants
Juego .... I play
No juego .... I don't play
Me gusta................ I like
No me gusta .... I don't like
Me encanta .... I love

En la playa

You are at the beach. In pairs or small groups, act out a role-play where one person asks another to play. Choose at least one line from each block to help you. *¡Que te diviertas!* Have fun!

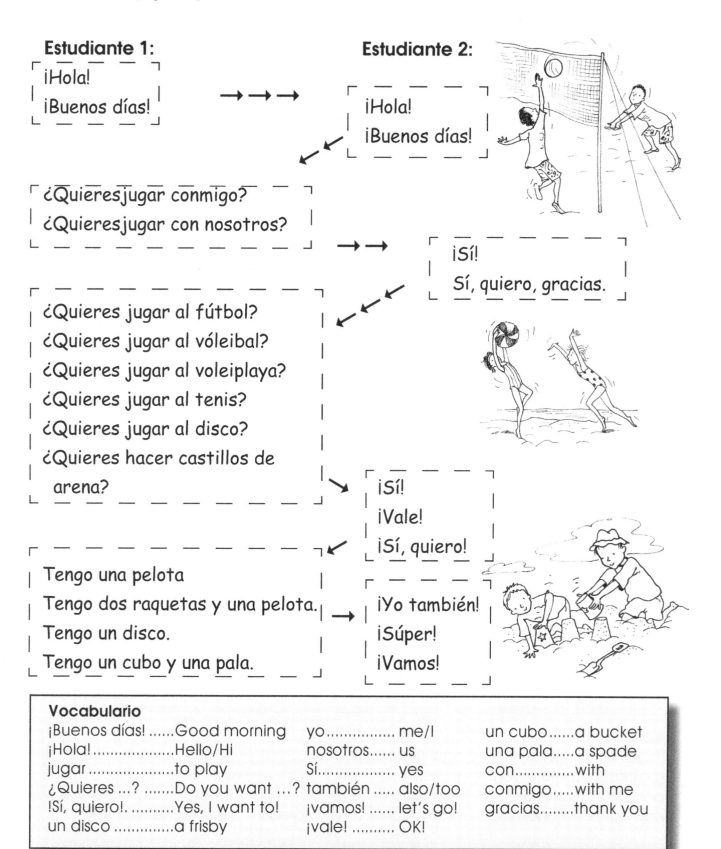

Estudiante 1:

¡Hola!
¡Buenos días!

→ → →

Estudiante 2:

¡Hola!
¡Buenos días!

←

¿Quieres jugar conmigo?
¿Quieres jugar con nosotros?

→ →

¡Sí!
Sí, quiero, gracias.

←
←

¿Quieres jugar al fútbol?
¿Quieres jugar al vóleibal?
¿Quieres jugar al voleiplaya?
¿Quieres jugar al tenis?
¿Quieres jugar al disco?
¿Quieres hacer castillos de
  arena?

¡Sí!
¡Vale!
¡Sí, quiero!

Tengo una pelota
Tengo dos raquetas y una pelota.
Tengo un disco.
Tengo un cubo y una pala.

→

¡Yo también!
¡Súper!
¡Vamos!

Vocabulario

¡Buenos días! ......Good morning	yo .... me/I	un cubo......a bucket
¡Hola! ....Hello/Hi	nosotros...... us	una pala.....a spade
jugar ....to play	Sí................. yes	con..............with
¿Quieres ...? ....Do you want ...?	también ..... also/too	conmigo.....with me
!Sí, quiero!. ....Yes, I want to!	¡vamos! ...... let's go!	gracias........thank you
un disco ....a frisby	¡vale! .... OK!	

En la panadería

1. In pairs, practise this conversation in the bakery. One person is the baker 'el panadero' and the other is the customer 'el cliente'.

El panadero:	¡Buenos días, Señora!
El cliente:	¡Buenos días, Señor! Una barra y cuatro croissants por favor
El panadero:	Aquí tiene. Cinco euros, por favor.
El cliente:	Aquí tiene. Cinco euros.
El panadero:	Gracias, Señora.
El cliente:	Gracias, Señor. Adiós.
El panadero:	Adiós.

2. You are on holiday in Spain. You have been sent in to the 'panadería' to buy your family's breakfast. Use the conversation above and the vocabulary below to help you make up your own conversation. *¡Diviértete!*

El panadero: ¡Buenos días, _____!
(Señor, Señora, Señorita)

El cliente: ¡Buenos días, _____!
(Señor, Señora, Señorita)

Quiero _____ y _____, por favor.

El panadero: Aquí tiene _____ euros, por favor.

El cliente: Aquí tiene _____ euros.

El panadero: Gracias, _____.
(Señor, Señora, Señorita)

El cliente: Gracias, _____. Adiós.
(Señor, Señora, Señorita)

El panadero: Adiós, _____.
(Señor, Señora, Señorita)

Vocabulario

¡Hola! ....Hello/Hi	aquí tienes.....here you are	quiero...........I'd like
gracias ....thank you	y ....and	adiós.............goodbye
por favor ......please	pan.................bread	croissants ......croissants
una barra.....french stick	pan integral...brown bread	panadería ....bakers

En el parque de atracciones

You are at an amusement park *(el parque de atracciones)* or at the fun fair *(la feria)*. You would like to buy tickets for a ride. Practise the following conversation in pairs.

El vendedor: ¡Buenos días!

El cliente: ¡Buenos días, Señor! 3 entradas para el tren de la bruja, por favor.

El vendedor: Aquí tienes. Son 9 euros.

El cliente: Gracias, Señor. Adiós.

El vendedor: Gracias. Adiós.

Fill in the gaps and choose the word where you have a choice. Use the conversation to help you act out your own role-play.

El vendedor: ¡Hola!

El cliente: Hola, _____, entradas para
                                 (Señor, Señora, Señorita)
                 el _____, por favor.

El vendedor: Aquí tienes. Son _____ euros, por favor.

El cliente: Gracias, _____. Adiós.
                               (Señor, Señora, Señorita)

El vendedor: Gracias. Adiós.

Vocabulario

la atracción..............the ride	la montaña rusa..... the roller coaster
el tren de la bruja.....the ghost train	la noria .... the big wheel
la feria...................the fair	el carrusel .... the merry-go-round
el parque de atracciones...amusement park	

Entrevista con una estrella de cine

In pairs, fill in the blanks in the following conversation between a film star and a radio presenter. Practise the role-play and then perform it for your class.

Interviewer: Buenos días, _____ .
                        (nombre de estrella)
                       ¡Bienvenido/a a Radio Juventud!

Star: Buenos días, _____
                       (nombre de entrevistador)
              y gracias.

Interviewer: ¿Cuántos años tiene usted?

Star: Tengo_____ años.

Interviewer: ¿Dónde vives?

Star: Vivo en _____.

Interviewer: ¿De qué color es tu pelo?

Star: Mi pelo es_____.

Interviewer: ¿De qué color son tus ojos?

Star: Mis ojos son _____.

Interviewer: ¿Qué es lo que te gusta?

Star: Me gusta_____.

Interviewer: ¿Qué es lo que no te gusta?

Star: No me gusta_____.

Interviewer: ¿Cuál es tu película favorita?

Star: Mi película favorita es _____.

Interviewer: Muchas gracias. ¡Hasta luego!

Star: De nada. Adiós.

Vocabulario

bienvenido/a .... welcome	el pelo .... hair	los ojos .... eyes
gustar .... to like	¡hasta luego! ..... see you later!	

El invitado tímido / La invitada tímida

You have a very shy guest staying at your house. You are trying to make him/her feel at home. In pairs, use the ideas below to act out the role-play. Find five things the shy guest would like to do.

¿Qué quieres hacer?

Comer	un bocadillo un bizcocho una fruta	un caramelo algo _____ tú eliges
Beber	leche agua	zumo de naranja zumo de manzana _____ tú eliges
Ver	una película un DVD la tele	_____ tú eliges
Escuchar	la radio música un CD	_____ tú eliges
Jugar	al fútbol las cartas a Twister	a la PlayStation al baloncesto _____ tú eliges
Ir	al pueblo a la piscina al cine	al jardín fuera _____ tú eliges
Llamar a	tus padres tu madre tu padre	alguien

El invitado tímido / La invitada tímida
Vocabulario adicional

From page 47

¿Qué quieres hacer?.....What do you want to do?

tú eliges ....you choose
comer.............................to eat
un bizcocho ....a cake
un caramelo ....a sweet
una bebida.....................a drink
una coca-cola ....a coca-cola
leche...............................milk
agua ....water
zumo de naranja............orange juice
zumo de manzana.........apple juice
algo.................................something
dentro.............................inside
fuera ....outside
ir......................................to go
jugar...............................to play
el jardín...........................the garden
la ciudad........................the town
escuchar ....to listen
ver ....to watch
la piscina ....the swimming pool
tus padres.......................your parents
tu madre ....your mother
tu padre ....your father
alguien............................someone
las cartas ....cards
el fútbol ....football
el baloncesto.................basketball
llamar ....to call

¡Veinte preguntas!

Get to know a classmate! In pairs, one person asks the other the following 20 questions. Practise and then perform in front of your class. If you have time swap roles.

1. ¿Cómo te llamas?
2. ¿Cuántos años tienes?
3. ¿Cuándo es tu cumpleaños?
4. ¿Dónde vives?
5. ¿De dónde eres?
6. ¿Tienes hermanos?
7. ¿En qué curso estás?
8. ¿Cómo se llama tu profesor/a?
9. ¿Cuál es tu asignatura preferida?
10. ¿Cuál es tu libro favorito?
11. ¿Cuál es tu color favorito?
12. ¿Cuál es tu animal favorito?
13. ¿Cuál es tu música favorita?
14. ¿Qué te gusta ver en la tele?
15. ¿Qué te gusta comer?
16. ¿Qué te gusta beber?
17. ¿Cuál es tu deporte favorito?
18. ¿Cuál es tu día favorito?
19. ¿Cuál es tu estación preferida?
20. ¿Cuál es tu película favorita?

Vocabulario

un cumpleaños ... a birthday	un libro ....a book	un día ....a day
un hermano .... a brother	una hermana..a sister	beber ....to drink
ver...................... to watch/look	comer ....to eat	
una asignatura .... a subject	el curso ....a class (year in school)	
una estación........ a season	un/una profesor/a......a teacher	

© Sinéad Leleu and Brilliant Publications   Spanish Speaking Activities for KS2   49
This page may be photocopied for use by the purchasing institute only.

¡Presentación de mi vida!

●   More challenging activities

Mi receta de pizza 1

Draw lines to match up the ingredients to their translation. Then choose from the ingredients to make up your own delicious pizza.

Read out your recipe for your class. *¡Delicioso!* **Yummy!**

la masa de pizza	minced meat
aceitunas verdes	cooked ham
carne picada	pizza dough
jamón de York	green olives
pollo	salt and pepper
maíz	chicken
sal y pimienta	pinepapple
piña	sweetcorn

Mi receta de pizza

unos tomates	mushrooms
salsa de tomate	eggs
pepperoni	tomato sauce
huevos	pepperoni
unas aceitunas negras	onions
queso rallado	black olives
unas cebollas	grated cheese
unos champiñones	tomatoes

Mi receta de pizza 2

You are the presenter of a TV cookery programme. Fill in the blanks using the ingredients from *'Mi receta de pizza 1'* (page 51).

Practise and then present your programme to your class.

Buenos días a todos y bienvenidos.

Me llamo_____.

(tu nombre)

¡Hoy, para vosotros, una pizza deliciosa!

Necesitas_____

(tus ingredientes)

_____.

Precalentar el horno a 220° (doscientos veinte grados).

Pon la salsa de tomate encima de la masa de pizza.

Añade el queso rallado encima de la salsa de tomate.

Pon _____

(tus ingredientes)

encima del queso rallado.

Cocinar en el horno durante 25 minutos.

Vocabulario		
todos...................all	hoy ....today	el horno......the oven
rallado ....grated	bienvenidos......welcome	poner..........to put
cocinar...............to cook	precalentar......pre-heat	añadir.........to add
durante...............for/during	huele bien ....it smells good	
tu nombre ....your name	necesitas ....you need	

De camino a la escuela

Describe your journey to school. Complete the sentences below using the vocabulary to help you.

Cuando voy a la escuela paso por_____

_____.

Luego, paso por _____

_____.

Después paso por _____

_____.

Al final, llego a la escuela!

Vocabulario			
cuando	when	el ayuntamiento	town hall
delante	in front of	un hospital	a hospital
luego	then	un mercado	a market
después	after	un supermercado	a supermarket
al final	at the end	una estación	a station
un río	a river	un edificio	a building
una piscina	a swimming pool	una cafetería	a café
un castillo	a castle	un restaurante	a restaurant
un campo de fútbol	a football pitch	una tienda	a shop
una guardería	a nursery	un museo	a museum
un banco	a bank	el Correos	the post office
una panadería	a bakery	una gasolinera	a petrol station
una granja	a farm	una rotonda	a roundabout
una iglesia	a church	un cruce de caminos	a cross road
un estadio	a stadium	una escuela	a school
una farmacia	a pharmacy	una confitería	a sweetshop

¡Bienvenidos a nuestra escuela!

Your school has a group of visitors from Spain. You have been asked to show the visitors around.

Use the phrases below to help you show them around. Your classmates are the Spanish visitors.

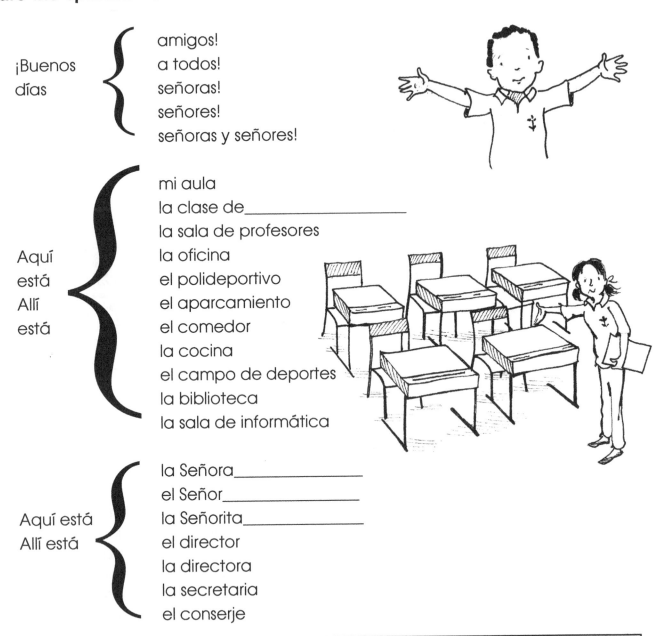

¡Buenos días {

amigos!
a todos!
señoras!
señores!
señoras y señores!

Aquí está
Allí está {

mi aula
la clase de_____
la sala de profesores
la oficina
el polideportivo
el aparcamiento
el comedor
la cocina
el campo de deportes
la biblioteca
la sala de informática

Aquí está
Allí está {

la Señora_____
el Señor_____
la Señorita_____
el director
la directora
la secretaria
el conserje

Vocabulario

bienvenidos..........	welcome	nuestra/o.............	our
aquí está	here is	allí está................	there is
nuestros amigos...	our friends	todos...................	everybody
señoras	ladies	señores.................	gentlemen
un profesor...	a teacher (male)	una profesora	a teacher (female)
un aula	a classroom		

Mi amigo/a

Fill in this paragraph about a friend or classmate. Use the vocabulary below to help you. Practise and then present it to your class.

Él/ella se llama _____. Él/ella tiene _____años.

Su cumpleaños es en _____.

(el mes)

Él/ella vive en _____.

Él/ella tiene el pelo _____ y los ojos _____.

Él/ella es _____ y _____.

(adjetivo)   (adjetivo)

A él/ella le gustan _____ y
_____.

Vocabulario

Los meses: enero   febrero   marzo   abril   mayo   junio   julio   agosto   septiembre   octubre   noviembre   diciembre

el pelo:
negro.........black
marrón.......brown
marrón clarito
        light brown
pelirrojo   red
rubio   blonde

los ojos:
verdes..... green
marrones brown
castaño   hazel
azules   blue
de color
gris........... grey

Los adjetivos:

alto/a.....................tall	deportista...............sporty
pequeño/a...........small	tímido/a...................shy
gracioso/a............funny	hablador/a.............chatty/talkative
inteligente............intelligent	simpático.................friendly
amable.................kind	majo/a....................nice

Los pasatiempos y los intereses:

el deporte............sport	cocinar....................to cook/cooking
el fútbol................football	la tele......................TV
el baloncesto.......basketball	la PlayStation..........PlayStation
el rugby................rugby	la Nintendo.............Nintendo
la danza...............dance	los animales............animals
la gimnasia..........gymnastics	ir de compras.........shopping
la equitación........horseriding	la moda..................fashion
la natación..........swimming	la naturaleza...........nature
la lectura.............reading	el arte.....................art
el mar...................the sea	el cine.....................the cinema

¡Me presento!

Fill in the blanks below. Use the text to help you talk about yourself to your class.

Buenos días. Me llamo _____. Tengo _____ años.

Mi cumpleaños es en _____.

Tengo los ojos _____ y el pelo_____.

Vivo en_____. Vivo con _____.

Mi escuela se llama_____. Estoy en el _____ curso. Mi asignatura favorita

es_____.

Mis pasatiempos son_____ y _____.

Me gusta comer_____ y _____.

Me gusta beber _____ y _____.

Me gusta ver_____en la tele. Mi color favorito es_____ .

¡Así soy yo! Adiós.

Vocabulario			
mi cumpleaños	my birthday	el pelo	hair
y	and	los ojos	eyes
vivo	I live	con	with
mi escuela	my school	estoy	I am
curso	year	mi asignatura	my subject
porque	because	comer	to eat
mis pasatiempos	my hobbies	escuchar	to listen
beber	to drink	ver	to look/watch
¡Así soy yo!	That's me!		

Mi receta de batido

Write out your milkshake recipe using the following
ingredients. Then explain to your class
how to make it. It's easy!

Los ingredientes

1. 1 cucharada de helado
    de vainilla

2. 150ml de leche
    (ciento cincuenta
    mililitros)

3 . 85g de yogur natural
    (ochenta y cinco
    gramos)

4. 1 cucharada de miel.

5. Para un batido
    de plátano – 1 plátano

    de chocolate – 85g de chocolate

    de fresa – 85g de fresas

Mi receta de un
batido de leche

Mi batido

Para hacer un batido debes mezclar

_____

_____

(los ingredientes)

_____

en una batidora.

Echar en un vaso …
y beber. ¡Que aproveche!

Preguntas de opción múltiple

● More challenging activities

Soy rosa.
Vivo en una granja.

Los animales: ¿Qué soy?

Try this animal quiz out on a classmate.

1. Soy pequeño. Me gusta el queso. Soy a) un cocodrilo
   b) un pez dorado
   c) un ratón

2. Me gustan las zanahorias. Tengo orejas grandes.
   Soy a) una vaca
   b) un gato
   c) un conejo

3. Llevo un pelaje blanco y negro. Vivo en África.
   Soy a) un perro
   b) una cebra
   c) una oveja

4. Me gustan los ratones. Me gusta la leche.
   Soy a) un pez dorado
   b) un gato
   c) un león

5. Doy leche. Vivo en una granja.
   Soy a) una vaca
   b) un conejo
   c) un pájaro

6. Me gusta nadar. Soy inteligente.
   Soy a) una cebra
   b) un gato
   c) un delfín

7. Soy rosa. Vivo en una granja.
   Soy a) un cerdo
   b) una vaca
   c) un pájaro

8. Tengo un abrigo de lana blanca. Soy a) un delfín
   b) un perro
   c) una oveja

9. Soy pequeño. Me gusta nadar. ¡Soy naranja!
   Soy a) un león
   b) un pez dorado
   c) un perro

10. Tengo los dientes grandes. ¡Ñam, ñam!
    Soy a) un cocodrilo
    b) un ratón
    c) un conejo

11. Me gusta volar y cantar.
    Soy a) un león
    b) un caballo
    c) un pájaro

12. ¡Soy el rey de los animales!
    Soy a) un cerdo
    b) un león
    c) un perro

un pez dorado

un pájaro

un cerdo

una vaca

un cocodrilo

una oveja

un conejo

un delfín

un león

un gato

una cebra

un ratón

Los animales: ¿Qué soy?
Vocabulario adicional

From page 59

soy	I am
pequeño/a	small
queso	cheese
me gusta	to like
un abrigo	a coat
lana	wool
una zanahoria........	a carrot
grande...................	big
una oreja	an ear
ponerse..................	to put on
negro/a	black
blanco/a	white
volar	to fly
cantar	to sing
vivir	to live
en África	in Africa
el rey	the king
leche......................	milk
dar.........................	to give
una granja.............	a farm
rosa........................	pink
nadar	to swim
un diente	a tooth

Los colores

Try this colour quiz out on a classmate.

1. El sol es
   a) azul
   b) amarillo
   c) negro

2. El cielo es
   a) marrón
   b) naranja
   c) azul

3. La nieve es

   a) blanca
   b) roja
   c) rosa

4. La hierba es

   a) azul
   b) verde
   c) morada

5. Un plátano es

   a) blanco
   b) rosa
   c) amarillo

6. El chocolate con leche es
   a) marrón
   b) negro
   c) blanco

7. Este color también es una fruta.
   a) verde
   b) blanco
   c) naranja

8. Una cebra es

   a) azul y rosa
   b) morada y naranja
   c) negra y blanca

9. Un flamenco es

   a) rojo
   b) rosa
   c) marrón

10. La bandera de España es
    a) azul y rosa
    b) amarilla y roja
    c) negra y blanca

11. Papá Noel lleva un traje
    a) amarillo
    b) gris
    c) rojo

12. Blanco y negro mezclados hacen

    a) gris
    b) marrón
    c) azul

13. En 'El Mago de Oz' Dorothy lleva zapatos

    a) amarillos
    b) rojos
    c) negros

14. Este color también es una flor.

    a) rosa
    b) rojo
    c) negro

Las vacaciones

Complete this holiday quiz by yourself, then compare with a classmate.

1. Voy de vacaciones. Hago

   a) un bizcocho
   b) la maleta
   c) un bocadillo

2. Voy al aeropuerto para coger

   a) el avión
   b) el tren
   c) el coche

3. En el hotel duermo en
   a) la ducha
   b) la cocina
   c) mi habitación

4. Hace sol, pongo

   a) crema protectora
   b) la bufanda
   c) las botas

5. El sol me molesta en los ojos. Pongo
   Me pongo

   a) las gafas de sol
   b) los zapatos
   c) la chaqueta

6. Hace calor. Como
   a) una pizza
   b) patatas fritas
   c) un helado

7. Voy a nadar
   a) en el cine
   b) en la piscina
   c) en el supermercado

8. Para nadar me pongo

   a) la chaqueta
   b) las sandalias
   c) el traje de baño

9. En la playa, nado en

   a) el mar
   b) una concha
   c) un barco

10. En el mar veo

    a) una bicicleta
    b) un tren
    c) un barco

11. En la playa, busco

    a) conchas
    b) helados
    c) gafas de sol

12. En la playa hago

    a) la maleta
    b) un bocadillo
    c) un castillo de arena

13. Para el picnic, hago

    a) unos bocadillos
    b) una tortilla francesa
    c) un chocolate caliente

14. ¡Hay hormigas en mi bocadillo!
    a) ¡Delicioso!
    b) ¡Aaaaajjjj!
    c) ¡Buenos días!

Las vacaciones: Vocabulario adicional

From page 62

voy............................ I leave/I'm going
de vacaciones.......... on holiday

llevar......................... to take
duermo .... I sleep/I'm sleeping

el sol .... the sun
me pongo.................. I put/I'm putting

los ojos...................... the eyes

calor .... hot
como.......................... I eat/I'm eating

nado........................... I swim/I'm swimming
llevo........................... I wear/I'm wearing

la playa...................... the beach
cojo .... I collect/I'm collecting

veo .... I see
el mar......................... the sea

hago.......................... I make/I'm making

un picnic.................... a picnic
hormigas.................... ants

tengo.......................... I have
digo .... I say

El medio ambiente

Try this quiz to find out if you are taking care of the planet. Compare your answers with a classmate.

1. ¡Estoy sucio!
   a) me baño
   b) me ducho

2. Tengo sed. Bebo
   a) agua mineral
   b) agua del grifo

3. Voy a la panadería a 1km..
   Voy
   a) en coche
   b) en bicicleta

4. Voy de picnic.
   Tiro la basura ...
   a) al río
   b) a la papelera

5. Tengo frío.
   a) pongo la calefacción
   b) me pongo un jersey

6. Como una manzana. La tiro ...
   a) a la cama
   b) la basura orgánica

7. Bebo una coca-cola. La tiro
   a) al suelo
   b) al cubo de reciclaje

8. Salgo. _____ la luz.
   a) Apago
   b) Dejo encendida

Más de 'a' ...
Debes cambiar tus hábitos.

Más de 'b' ...
¡Muy bien! Sigue así.

El medio ambiente
Vocabulario adicional
From page 64

estoy/soy .... I am
sucio .... dirty
me ducho............................... I have a shower
me baño.................................. I have a bath

tengo sed .... I'm thirsty
bebo .... I drink
agua .... water
un grifo.................................. a tap

voy.. I go
la panadería .... the bakery
voy a .... I go to
en coche................................ by car
en bicicleta .... on bicycle

lo tiro .... I throw it
la basura............................... the rubbish
en .... in
el río...................................... the river
una papelera......................... a waste bin

tengo frío .... I'm cold
me pongo/pongo .... I put on
la calefacción .... the heating
un jersey................................ a jumper

comer .... to eat
debajo de .... under
la cama .... the bed

bebo .... I drink
en el suelo .... on the ground
en el cubo de reciclaje ...... in the recycling bin

salgo .... I go out
la luz .... the light
dejo.. I leave
apago..................................... I switch off

Los países y las ciudades

Test yourself and then compare your answers with a classmate.

1. ¿Dónde está la Torre Eiffel?
   a) en Londres
   b) en París
   c) en Roma

2. ¿Dónde está el Big Ben?
   a) en Dublín
   b) en Lisboa
   c) en Londres

3. ¿Dónde está la Estatua de la Libertad?
   a) en Nueva York
   b) en Bruselas
   c) en Viena

4. ¿Dónde está la Mona Lisa?
   (Museo del Louvre)
   a) en Madrid
   b) en Glasgow
   c) en París

5. ¿Dónde está La Casa Blanca?
   a) en Washington D.C.
   b) en Boston
   c) en San Francisco

6. ¿Dónde está la Torre de Pisa?
   a) en Italia
   b) en Francia
   c) en Bélgica

7. ¿Dónde está la Gran Pirámide de Giza?
   a) en Australia
   b) en los Estados Unidos
   c) en Egipto

8. ¿Dónde está la Gran Muralla?
   a) en Japón
   b) en China
   c) en Rusia

9. ¿Dónde está el Taj Mahal?
   a) en Méjico
   b) la India
   c) en Portugal

10. ¿Dónde están las Cataratas del Niágara?
    a) en el Polo Norte
    b) en Escocia
    c) en Canadá

Los sustantivos

A very curious alien has landed on Earth! Try out the alien's questions on a classmate!

1. ¿Qué es?
   a) un coche
   b) un CD
   c) un avión

2. ¿Qué es?
   a) un elefante
   b) un DVD
   c) una casa

3. ¿Qué es?
   a) el sol
   b) una planta
   c) un conejo

4. ¿Qué es?
   a) un autobús
   b) un chico
   c) una guitarra

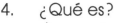

5. ¿Qué es?
   a) una mesa
   b) una silla
   c) un hámster

6. ¿Qué es?
   a) una camiseta
   b) el cielo
   c) un restaurante

7. ¿Qué es?
   a) una chica
   b) un helado
   c) un café

8. ¿Qué es?
   a) un teléfono
   b) una flor
   c) un gato

9. ¿Qué es?
   a) un piano
   b) un bebé
   c) un extraterrestre

10. ¿Qué es?
    a) un jardín
    b) una radio
    c) queso

11. ¿Qué es?
    a) una tienda
    b) un restaurante
    c) una persona

12. ¿Qué es?
    a) unos zapatos
    b) una luz
    c) un bar

La ciudad

Try out this town quiz on a classmate.

1. Para coger el tren, voy...
   a) a Correos
   b) a la esuela
   c) a la estación

2. Para ver un partido de fútbol, voy...
   a) al museo
   b) al estadio
   c) al mercado

3. Para comprar una barra de pan, voy...
   a) al banco
   b) a la escuela
   c) a la panadería

4. Para comer, voy...
   a) al hospital
   b) al río
   c) al restaurante

5. Para nadar, voy...
   a) a la piscina
   b) a Correos
   c) al banco

6. Para ver unos cuadros o dinosaurios, voy...
   a) a la estación
   b) a la cafetería
   c) al museo

7. Por una pierna rota, voy...
   a) al museo
   b) al hospital
   c) a la panadería

8. Para pescar, voy...
   a) a Correos
   b) al banco
   c) al río

9. Para aprender y ver a mis amigos, voy...
   a) a la escuela
   b) a la estación
   c) al mercado

10. Para comprar medicamentos, voy...
    a) a la farmacia
    b) al estadio
    c) al restaurante

11. Para comprar leche, pan y verduras, voy...
    a) al museo
    b) al banco
    c) al supermercado

12. Para ingresar o sacar dinero, voy...
    a) a la estación
    b) al banco
    c) al río

Vocablario

ingresar ....to deposit	coger .... to take	comprar............. to buy
ver ....to see	pescar .... to fish	leche .... milk
sacar ....to take out	comer .... to eat	aprender........... to learn
pan..............bread	dinero .... money	nadar .... to swim
mis amigos ..my friends	voy .... I go	verduras............. vegetables
una pierna rota......a broken leg		

Las tareas domésticas

Find out how often a classmate helps out around the house!

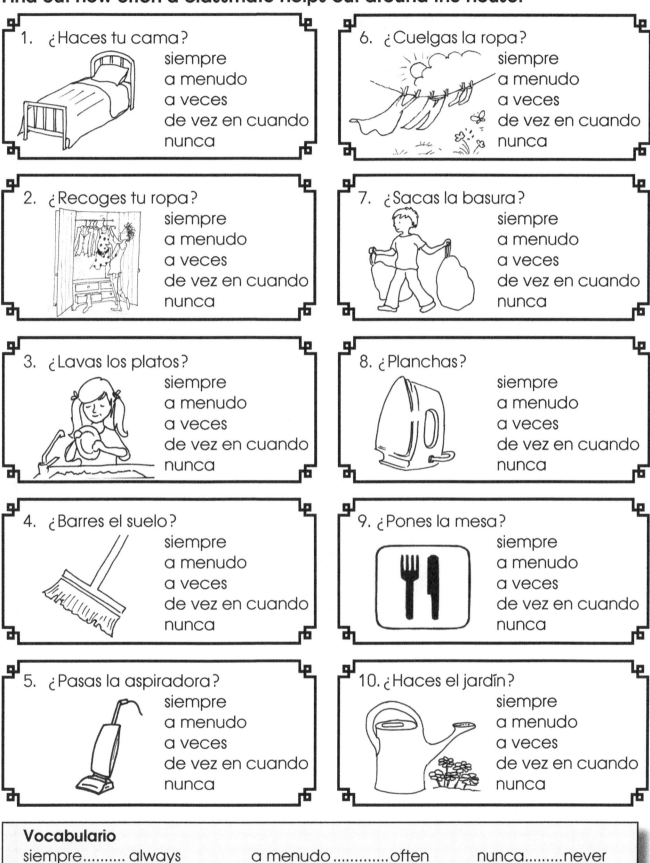

1. ¿Haces tu cama?
   siempre
   a menudo
   a veces
   de vez en cuando
   nunca

6. ¿Cuelgas la ropa?
   siempre
   a menudo
   a veces
   de vez en cuando
   nunca

2. ¿Recoges tu ropa?
   siempre
   a menudo
   a veces
   de vez en cuando
   nunca

7. ¿Sacas la basura?
   siempre
   a menudo
   a veces
   de vez en cuando
   nunca

3. ¿Lavas los platos?
   siempre
   a menudo
   a veces
   de vez en cuando
   nunca

8. ¿Planchas?
   siempre
   a menudo
   a veces
   de vez en cuando
   nunca

4. ¿Barres el suelo?
   siempre
   a menudo
   a veces
   de vez en cuando
   nunca

9. ¿Pones la mesa?
   siempre
   a menudo
   a veces
   de vez en cuando
   nunca

5. ¿Pasas la aspiradora?
   siempre
   a menudo
   a veces
   de vez en cuando
   nunca

10. ¿Haces el jardín?
    siempre
    a menudo
    a veces
    de vez en cuando
    nunca

Vocabulario

siempre.......... always	a menudo ....often	nunca.........never
a veces.......... sometimes	de vez en cuando .... once in a while	

Construcción de frases

Los animales

Cut out the boxes and make as many sentences as you can using at least one box from each section. For example, *La tortuga es lenta*. Read a sentence out for your class.

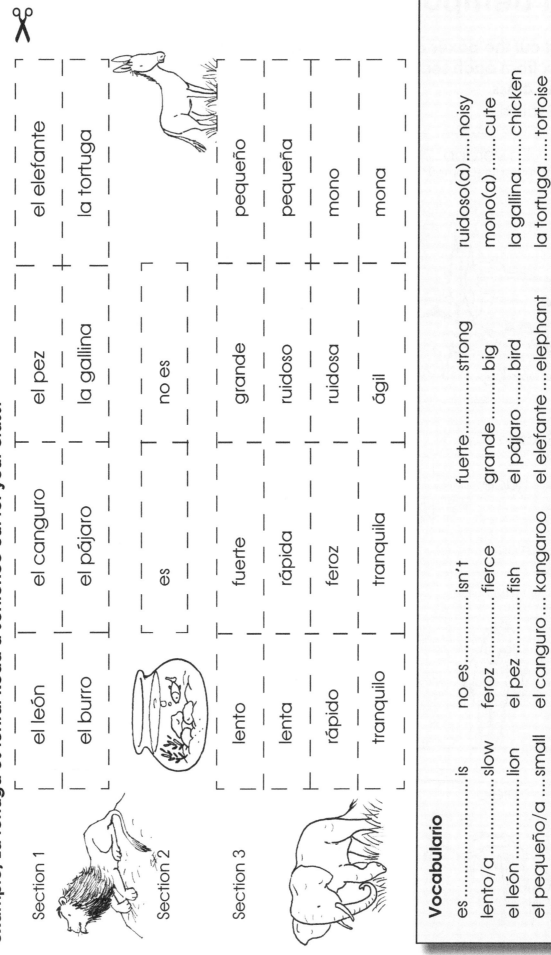

Section 1

el león	el canguro	el pez	el elefante
el burro	el pájaro	la gallina	la tortuga

Section 2

es	no es

Section 3

lento	fuerte	grande	pequeño
lenta	rápida	ruidoso	pequeña
rápido	feroz	ruidosa	mono
tranquilo	tranquila	ágil	mona

Vocabulario

es .... is	no es .... isn't	fuerte ....strong	ruidoso(a) .....noisy
lento/a ....slow	feroz .... fierce	grande ....big	mono(a) ......cute
el león .... lion	el pez .... fish	el pájaro ......bird	la gallina......chicken
el pequeño/a ...small	el canguro.... kangaroo	el elefante ....elephant	la tortuga ....tortoise

El tiempo y la ropa

Cut out the boxes and make as many sentences as you can using at least one box from each section. For example, *En inviero nieva.* **Read a sentence out for your class.**

Section 1

En verano (summer/in summer)	En primavera (spring/in spring)	En invierno (winter/in winter)	En otoño (autumn/in autumn)

Section 2

hace	hay

Section 3

frío	calor	bueno	lluvia

hielo	sol	nieve	viento

La Bella Durmiente

Cut out the boxes and make as many sentences as you can using at least one box from each section. For example, *La bruja malvada es fea.* Read out a sentence for your class.

Section 1

| la princesa | el príncipe | el castillo | La bruja malvada |

Section 2

| es | no es |

Section 3

guapa	guapo	pequeño	pequeña
malo	mala	grande	
majo	maja	simpático	simpática
feo	fea	valiente	cobarde

Vocabulario

la Bella Durmiente	Sleeping Beauty	majo/a	nice/pretty
el castillo	the castle	grande	big
La bruja malvada	wicked witch	pequeño/a	small
guapo/a	handsome/pretty	no es	isn't
valiente	brave	es	is
malo/a	nasty	feo/a	ugly
simpático/a	nice	cobarde	cowardly

Los verbos 1

Cut out the boxes and make as many sentences as you can using at least one box from each section . For example, *Cristina bebe una coca-cola.* Read out one of your sentences for your class.

Section 1

| Marta | Pablo | Isabel | Roberto | Cristina | Álex |

Section 2

| come | ve | hace | bebe | lee | escucha |

Section 3

la radio	la tele	una manzana	un CD
una coca-cola	una película	música	un helado
una canción	una revista	un libro	un bocadillo
unas patatas fritas	un DVD	natación	un zumo de naranja
la comida	un café	sus deberes	

Vocabulario

come	eats/is eating	hace	makes/is making
ve	watches/is watching	bebe	drinks/is drinking
escucha	listens to/is listening to	lee	reads/is reading
la radio	the radio	la tele	the television
una manzana	an apple	un CD	a CD
una coca-cola	a coca-cola	una película	a film
la comida	the food/dinner	música	the music
un helado	an ice-cream	una canción	a song
sus deberes	his/her homework	ciclismo	cycling
un libro	a book	natación	swimming
unas patatas fritas	some chips	una revista	magazine
un café	cafe	un bocadillo	a sandwich
un zumo de naranja	an orange juice	un DVD	a DVD

Los verbos 2

Cut out the boxes and make as many sentences as you can using at least one box from each section. For example, *Tengo un perro*. Read out one of your sentences for your class.

Section 1

| Soy
(I am) | Tengo
(I have) | Hago
(I make/I'm making) | Quiero
(I want) | Veo
(I see) |

Section 2

un chico	gracioso/a	un chocolate caliente	una coca-cola	un perro
una chica	un CD	un bizcocho	una silla	un libro
un gato	el sol	una guitarra	un conejo	una pizza

Las asignaturas

Cut out the boxes and make as many sentences as you can using at least one box from each section. For example, *Me gusta la historia porque es interesante.* Read a sentence out for your class.

Section 1

Me encanta (I love)	Me gusta (I like)	No me gusta (I don't like)	Odio (I hate)

Section 2

las matemáticas	el inglés	la historia	la geografía
la música	el deporte	el diseño	las ciencias
el francés	el recreo	el arte	la educación física
el español	la natación	la informática	

Section 3

porque es ...

Section 4

fácil	difícil	interesante	aburrido/a	divertido/a

Vocabulario

Me encanta ...I love	Odio .... I hate	No me gusta ......I don't like
fácil.................easy	grande .... big	la natación.........swimming
interesante......interesting	difícil .... difficult	la informática .....computers
el español ....Spanish	el arte........... art	el recreo .... break time
aburrido/a .....boring	divertido/a...fun	porque es ....because it's

76   Spanish Speaking Activities for KS2

© Sinéad Leleu and Brilliant Publications
This page may be photocopied for use by the purchasing institute only.

Juegos

● More challenging activities

Las emociones y los sentimientos 1

In pairs, fill in the blanks using the vocabulary in the word bank at the bottom of this page. Then, look at your page for two minutes and memorize as much as you can. One person turns their page over. The second person calls one of the eight names below and the first person has to remember what the feeling was. (There is a clue in the first letter of each name and feeling.)

1

Carlos está _____.

5

Cristina está _____.

2

Teresa está _____.

6
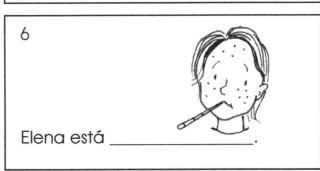
Elena está _____.

3

Carmen está _____.

7

Ángel está _____.

4

Sergio está _____.

8

Sofía está _____

Vocabulario

triste	asustado	contento	soprendido
cansada	enferma	soprendida	contenta

Las emociones y los sentimientos 2

In pairs, fill in the blanks using the vocabulary in the word bank at the bottom of this page. Then, look at your page for two minutes and memorize as much as you can. One person turns their page over. The second person calls one of the eight names below and the first person tries to remember the feeling.
(There is a clue in the first letter of each name and feeling.)

1.

Hugo tiene _____.

5.
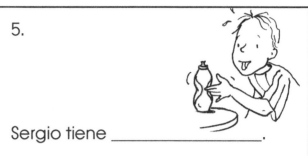
Sergio tiene _____.

2.
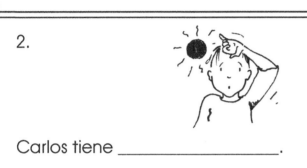
Carlos tiene _____.

6.

Felipe tiene _____.

3.

Marcos tiene _____.

7.

Pedro está _____.

4.

Cesar está_____.

8.

Enrique está _____.

Vocabulario

calor	perdido	sed	frío
enfadado	miedo	hambre	confundido

La comida: Me gusta…

How well do you know your classmates' tastes in food? Guess who wrote which sentence!

Match up the words to the correct picture. Complete the sentences below. Don't let anybody else see your sentences. Your teacher will pick five people to stand at the top of the classroom. Your teacher then picks a sixth person. The sixth person takes the sentences from the five people, mixes them up and then reads them out. The class tries to guess who wrote which sentence.

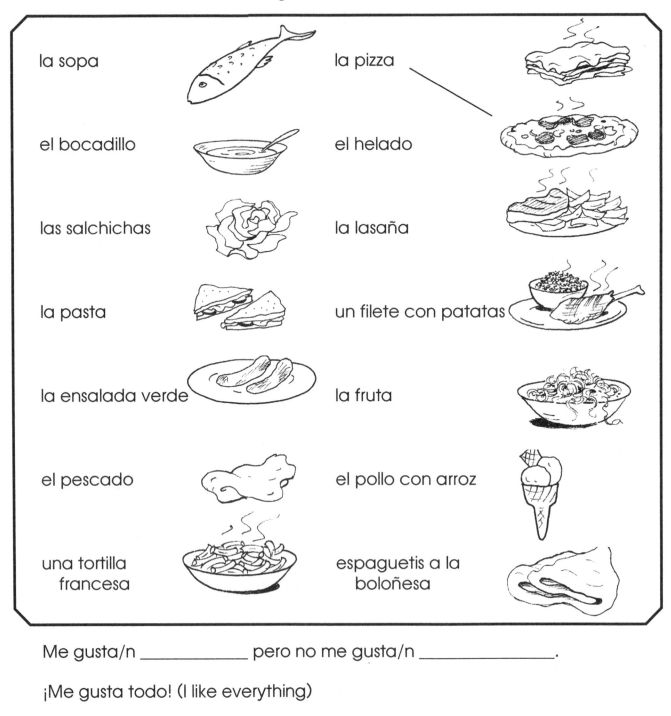

Me gusta/n _____ pero no me gusta/n _____.

¡Me gusta todo! (I like everything)

Me gusta/n _____ pero prefiero_____.

El aula

Complete the words. Use the vocabulary in the word bank at the bottom of the page to help you. Work in pairs. You have 2 minutes to memorize this classroom. When 2 minutes are up, turn the page upside down and one person names as many item as they can. Then swop over and the other person tries to name as many items as possible.

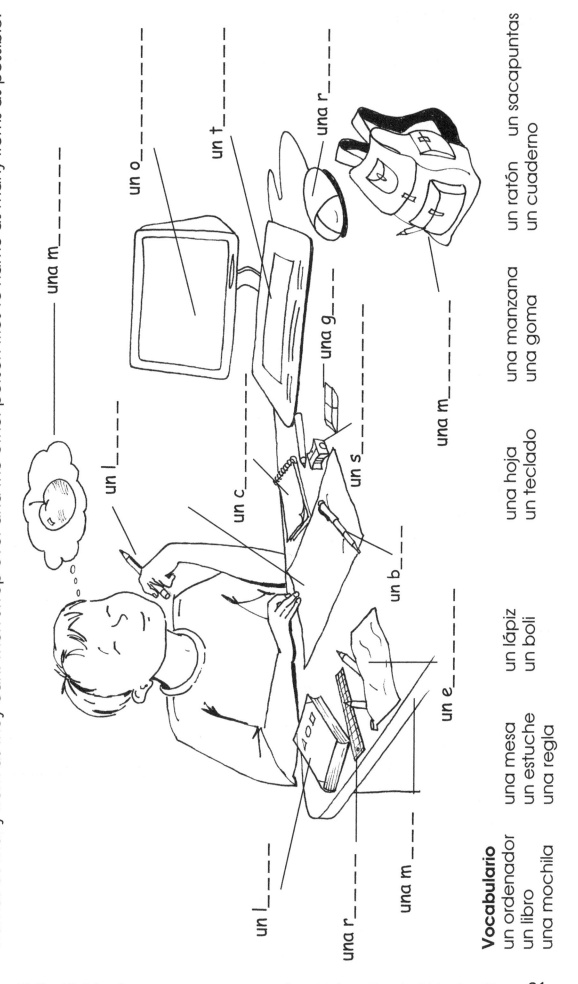

una m____

un o____

un t____

una r____

un l____

un c____

una g____

un s____

un b____

una m____

un e____

un l____

una r____

una m____

Vocabulario

un ordenador	una mesa	un lápiz
un libro	un estuche	un boli
una mochila	una regla	
	una hoja	una manzana
	un teclado	una goma
		un ratón
		un cuaderno

¿Quién soy? 1

Pretend you are somebody else in the class. Describe yourself using the sentences below.

Your class has to try to guess who you are.

¡Buenos días!

Tengo _____ años.

Mis ojos son_____.

Me gusta/n _____.

Mi pelo es _____

No me gusta/n _____.

Use the following to help you.

Mis ojos son _____ .

verdes	de color avellana	marrones
azules	grises	

Mi pelo es _____ .

castaño	corto	rizado	negro
rubio	pelirrojo	liso	

Vocabulario

los animales .... animals	el fútbol .... football	leer.............to read
la escuela ....the school	bailar .... to dance	la música ..music
mis amigos ......my friends	el helado.......ice-cream	cantar ....to sing
la natación .....swimming	el arte .... drawing/art	la tele ....the tele
el baloncesto . basketball	el cine........... cinema	pintar ....to paint
la naturaleza ..nature	la moda......... fashion	el queso ....cheese
los deberes .....homework		

¿Quién soy? 2

The person with the name can only say "sí", "no" or "no sé". ¡Pásalo bien! Have fun!

¿Eres ... ?

objecto	un pez
animal	un pájaro
una persona	

¿Eres ... ?

una chica	grande	inglés/inglesa
un chico	pequeño/a	escocés/escocesa
un hombre	gordo/a	galés/galesa
una mujer	delgado/a	irlandés/irlandesa
un niño/una niña	famoso/a	americano/a
un/una joven	muerto/a	francés/francesa
un adulto/una adulta	vivo/a	australiano/a
una persona inventada	gracioso/a	canadiense

actor	negro/a	un personaje de ...
actriz	blanco/a	la historia
cantante	marrón	una película
rosa	rojo/a	una serie de tele
deportista	verde	un libro
azul	amarillo/a	una obra de teatro
político	escritor/a	
un/a artista		

¿Tienes ... ?

el pelo

negro	corto	rizado
castaño	largo	liso
rubio		pelirrojo

los ojos

azules
marrones
claritos
verdes

barba
bigote
gafas
cuatro patas

¿Juegas a ... ?

fútbol	tenis
baloncesto	rugby ... para Inglaterra

¿Cantas ... ?

solo
en un grupo

¿Vives ... ?

en una casa	en Inglaterra
en un castillo	en Escocia
en el agua	en Gales
en una granja	en Irlanda
	en los Estados Unidos

¿Quién soy? 2
Vocabulario adicional

For page 83

¿Eres ... ?	Are you ... ?
un objeto	an object
un pez	a fish
un animal	an animal
una persona	a person
un pájaro	a bird

¿Eres ... ? .... Are you ... ?

una chica	a girl	grande	tall/big
un chico	a boy	pequeño	small
un hombre	a man	gordo/a	fat
una mujer	a woman	delgado/a	thin
un niño	a child	famoso/a	famous
un joven	an adolescent	muerto/a	dead
un adulto	an adult	vivo/a	alive
un personaje inventado	an invented character	gracioso/a	funny

¿Eres ... ? .... Are you ... ?

inglés/inglesa	English	un actor	actor	negro/a	black
escocés/ascocesa	Scottish	una actriz	actress	blanco/a	white
galés/galesa	Welsh	un/a cantante	singer	marrón	brown
irlandés/irlandesa	Irish	deportista	sporty	rosa	pink
americano/a	American	un escritor	writer	verde	green
francés/francesa	French	una escritora	writer	azul	blue
australiano/a	Australian	un político	politician	rojo/a	red
canadiense	Canadian	una política	politician	amarillo/a	yellow
				naranja	orange

¿Tienes ...? ....Do you have ...?

el pelo.............. hair

negro	black	corto	short	muy rizado	very curly
castaño	brown	largo	long	rizado	curly
rubio	blonde	media melena	shoulder-length	pelirrojo	red
liso	straight	ondulado	wavy		

los ojos............. eyes

azules	blue	marrones	brown	color avellana	hazel
verdes	green	grises	grey	azules claritos	light blue

gafas	glasses	cuatro patas	four paws
barba	a beard	bigote	a moustache
alas	wings	rabo	a tail

¿Quién soy? 2
Vocabulario adicional

For page 83

¿Vives...?...................Do you live...?

en una casa ......in a house
en un castillo ......in a castle
en el agua ....in water
en una granja.....on a farm
en una jungla ....in a jungle

en Inglaterra ....in England
en Escocia ....in Scotland
en Gales ....in Wales
en Irlanda ....in Ireland
en los Estados Unidos.......in the USA

¿Eres un personaje de ...?   Are you a character in...?

un cuento .... a story
una película........................ a film
una serie de tele .... a TV series
un libro................................. a book
unos dibujos animados ...... a cartoon

¿Cantas...? .... Do you sing...?

solo.......................alone
en un grupo ....in a group

¿Juegas...?.... Do you play...?

al fútbol ....football
al baloncesto .....basketball
al rugby ....rugby
al tenis ....tennis

para Inglaterra ....for England
para ... .for ...

¿Quién soy? 2
Ideas

For page 83

Below are some suggestions of the types of identities you could choose for the pupil.

1. A child in the class

2. A teacher in the school

3. Politicians the children are familiar with eg El primer ministro (Prime Minister) El presidente de los Estados Unidos

4. Writers the children are familiar with eg   Roald Dahl
   Jacqueline Wilson
   J.K. Rowling

5. Members of the Royal Family

6. Sports personalities the children are familiar with.
   El capitán del equipo de fútbol inglés.
   (Captain of the English football team)

7. Singers the children are familiar with

8. TV characters the children are familiar with eg. Bart Simpson

9. Fairy tale/story/movie characters

Cenicienta – Cinderella	Harry Potter
Blancanieves – Snow White	Mary Poppins
Rapunzel – Rapunzel	Scooby Doo
Aladino – Aladdin	Superman
La Sirenita – The Little Mermaid	Batman
La Bella Durmiente – Sleeping Beauty	Spiderman
Winnie the Pooh	Peter Pan
Campanilla – Tinker Bell	Tigger
Caperucita Roja – Little Red Riding Hood	Heidi
Pinocho – Pinocchio	Mickey Mouse
El Mago de Oz – Wizard of Oz	Dumbo
Tarzán – Tarzan	
Alicia en el País de las Maravillas – Alice in Wonderland	

Respuestas (Answers)

Ser / estar (page 31)

Yo soy	Yo estoy
Tú eres	Tú estás
Él/ella es	Él/ella/usted está
Nosotros somos	Nosotros estamos
Vosotros sois	Vosotros estáis
Ellos/ellas son	Ellos/ellas están

1. Pedro está en casa
2. Mi padre es médico
3. Hoy es viernes
4. Estoy contento/a
5. Soy americano
6. Los niños son inteligentes

Tener (page 33)

Tengo una pelota nueva.
¡Vaya! **Tienes** una pelota nueva.
¡Mira! **Él tiene** una pelota nueva.
¡No! **Tenemos** una pelota nueva.
Sí. **Tenemos** una pelota nueva.
¡Vaya! **Tenéis** una pelota nueva.

El cuerpo 1 (page 34)

1. Me duele la rodilla	My knee hurts
2. Me duele la oreja	My ear hurts
3. Me duelen los dientes	I have tooth ache
4. Me duele la nariz	My nose hurts
5. Me duele el pie	My foot hurts
6. Me duele el brazo	My arm hurts
7. Tengo varicela	I have chicken pox
8. Me duele el estómago	Stomach ache
9. Me duele la cabeza	My head hurts
10. Me duele el ojo	My eye hurts
11. Me duele el dedo	Sore finger
12. Tengo fiebre	I have a fever!
13. Estoy constipado	I have a cold
14. ¡Me duele todo!	I hurt all-over

En el mercado (page 36)

D: Buenos días, Señora.
C: Buenos días, Señor.
D: ¿Qué quieres?
C: Quiero 2 kilos de tomates, una lechuga y un pepino, por favor.
D: ¿Algo más?
C: Eso es todo.
D: Aquí tienes. Serán ____euros, por favor.
C: Aquí tienes _____ euros, Señor.
C: Gracias, señor
D: Gracias, Señora, adiós
C: Adiós, Señor.

El tiempo y la ropa (page 39)

La ropa	The clothes
Unas sandalias	sandals
Unos vaqueros	jeans
Un pijama	pyjamas
Un jersey	jumper
Una camiseta	T-shirt
Unas zapatillas de deporte	trainers
Un sombrero	hat
Una falda	skirt
Una chaqueta	jacket
Una gorra	cap
Una camisa	blouse
Un vestido	dress
Unos calcetines	socks
Un abrigo	coat
Unos pantalones	trousers
Unos zapatos	shoes
Una bufanda	scarf
Unos pantalones cortos	shorts
El tiempo	**The weather**
hace bueno	It's fine
hace frío	It's cold
hace calor	It's hot
hace sol	It's sunny
hace viento	It's windy
está helado	It's icy
está nevando	It's snowing
está lloviendo	It's raining

Mi receta de pizza 1 (page 51)

unos tomates	tomatoes
unos champiñones	mushrooms

salsa de tomate	tomato sauce
pepperoni	pepperoni
huevos	eggs
unas aceitunas negras	black olives
queso rallado	grated cheese
cebollas	onions
la masa de pizza	pizza dough
aceitunas verdes	green olives
carne picada	minced meat
jamón de York	cooked ham
pollo	chicken
maíz	sweetcorn
sal y pimienta	salt and pepper
piña	pinepapple

Los animales (page 59)

1c 2c 3b 4b 5a 6c 7a
8c 9b 10a 11c 12b

Los colores (page 61)

1b 2c 3a 4b 5c 6a 7c
8c 9b 10b 11c 12a 13b 14a

Las vacaciones (page 62)

1b 2a 3c 4a 5a 6c 7b
8c 9a 10c 11a 12c 13a 14b

Los países y las ciudades (page 66)

1b 2c 3a 4c 5a 6a 7c
8b 9b 10c

Los sustantivos (page 67)

1c 2a 3c 4c 5b 6a 7a
8b 9c 10c 11b 12a

7.La ciudad (page 68)

1c 2b 3c 4c 5a 6c 7b
8c 9a 10a 11c 12b

Las emociones y los sentimientos 1 (page 78)

1.Carlos está contento.
2. Teresa está triste.
3. Carmen está cansada.
4. Sergio está sorprendido.
5. Cristina está contenta.
6. Elena está enferma.
7. Ángel está asustado.
8. Sofía está sorprendida.

Las emociones y los sentimientos 2 (page 79)

1. Hugo tiene hambre.

2. Carlos tiene calor.
3. Marcos tiene miedo.
4. Cesar está confundido.
5. Sergio tiene sed.
6. Felipe tiene frío.
7. Teo llega tarde.
8. Enrique está enfadado.

La comida: Me gusta... (page 80)

La sopa	soup
La pizza	pizza
Un bocadillo	sandwich
El helado	ice-cream
Las salchichas	sausages
La lasaña	lasagne
La pasta	pasta
El filete con patatas frita chips	steak and
La ensalada verde	green salad
La fruta	fruit
El pescado	fish
El pollo con arroz	chicken and rice
Una tortilla francesa	an omelette
Espaguetis a la boloñesa	spaghetti bolognaise

El aula (page 81).

una manzana	an apple
un ordenador	a computer
una silla	a chair
un teclado	a keyboard
un cuaderno	a notebook
un lápiz	a pencil
un ratón	a mouse
una mesa	a table
una goma	a rubber
un sacapuntas	a pencil sharpener
un libro	a book
un boli	a pen
una hoja	a sheet
una regla	a ruler
un estuche	a pencil case
una mochila	a rucksack

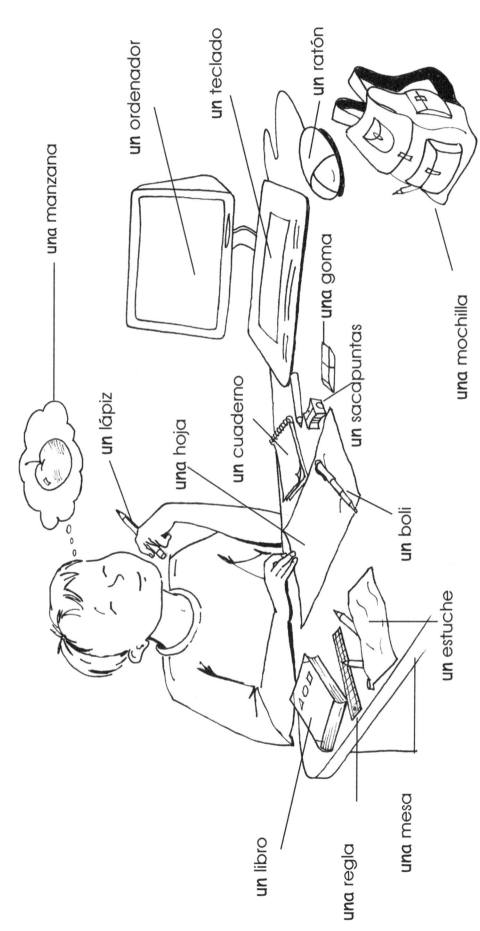

una manzana

un ordenador

un teclado

un ratón

una goma

una mochilla

un sacapuntas

un lápiz

una hoja

un cuaderno

un boli

un estuche

un libro

una regla

una mesa

Lightning Source UK Ltd.
Milton Keynes UK
UKOW06f1548020714

234425UK00003B/38/P

9 781905 780686